초등어휘 레벨업

신비아파트

공포의 교과서
관용어 ²
따라쓰기

(주)학산문화사

신비아파트 이렇게 활용하세요

신비와 친구들과 함께라면
어려운 관용어도 머리에 쏙쏙~ 즐겁게 익힐 수 있어요!

1

만화를 통해 관용어를 바로바로 이해하고 알 수 있어요.
바로 아래 관용어 뜻과 예문을 다시 한번 표기해 이해를 도와줍니다.

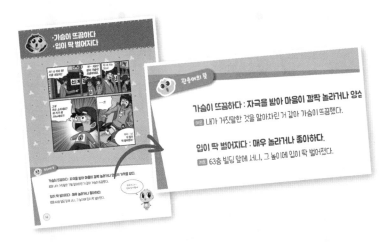

2

앞에서 배운 관용어를 따라 쓰면서 익힐 수 있어요.

3 귀신이 내는 사자성어 퀴즈를 맞혀 보세요.
신비아파트에 나오는 귀신에 대한 정보도 알 수 있어요.

4 앞에서 배운 관용어를
다시 한번 복습할 수 있어요.
헷갈렸던 관용어를 체크해 보세요.

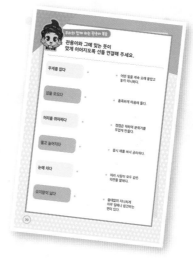

5 신비와 친구들의
그림을 비교해 보고
다른 곳을 찾아보세요.
관찰력과 집중력이 쑥쑥 올라가요.

신비(102살)

신비아파트가 100년 된 순간 태어난 도깨비

신비는 신비아파트 맨홀 안에서 살고 있다. 잘난 척, 용감한 척 다~ 하지만, 알고보면 둘째가라면 서러운 겁쟁이다! 더 강력해진 귀신들을 상대할 수 있도록 하리, 두리에게 업그레이드 된 '고스트볼 X'를 선물한다.

금비(약 600살)

미소년 박애주의자인 밝고 순수한 조선 시대 도깨비

밝고 순수하며 사투리를 쓴다. 미소년 박애주의자로서 꽃미남 강림과 리온에게 빠져 있다. 평소에는 철없는 어린아이 같지만 귀신이 나타나거나 위기의 순간에는 진중하고 진지한 모습을 보인다.
시간과 관련된 요술을 사용할 수 있다.

구하리(12살)

호기심, 의욕 그리고 힘도 넘치는 두리의 센 누나

동생인 '두리'를 잘 챙기며 엄마를 닮아 정의감이 강하고 겁 많은 도깨비 신비를 도와 귀신들을 승천시킨다.

구두리(10살)

하리의 동생이자, 신비와 겁쟁이 콤보

귀신을 엄청 무서워하며 위급한 상황이 생기면 늘 '누나!' 하고 외치며
도움을 요청한다. 눈물도 많고 정도 많은 막내지만 위기에 처한 누나를
구하기 위해 혼자 귀신과 맞설 만큼 조금씩 성장 중!

최강림(12살)

별빛 초등학교 최고의 인기남

멋지고 잘생겼는데 차가운 매력까지? 강력한 귀신들과 맞서 싸울 정도로
힘도 갖췄다. 이런 차도남도 하리가 위험에 빠질 때면 누구보다
빠르게 지켜주러 간다!

리온(12살)

스윗한 외모에 밝고 쾌활한 성격까지
강림과 정반대의 매력을 가진 라이벌

서양인 아버지와 한국인 어머니 사이에서 태어난 혼혈아인
'리온'은 비밀 퇴마 집단 '아이기스'의 최연소 퇴마사이다.

신비아파트 차례

가슴이 뜨끔하다
입이 딱 벌어지다

입만 아프다
독 안에 든 쥐

뜸을 들이다
목에 힘을 주다

1장

·가슴이 뜨끔하다
·입이 딱 벌어지다

가슴이 뜨끔하다 : 자극을 받아 마음이 깜짝 놀라거나 양심의 가책을 받다.

예문 내가 거짓말한 것을 알아차린 거 같아 가슴이 뜨끔했다.

입이 딱 벌어지다 : 매우 놀라거나 좋아하다.

예문 63층 빌딩 앞에 서니, 그 높이에 입이 딱 벌어졌다.

가슴이 뜨끔하다

가	슴	이		뜨	끔	하	다		

입이 딱 벌어지다

입	이		딱		벌	어	지	다	

귀신의 사자성어 퀴즈

다음의 자음 글자가 들어가는 사자성어를 맞혀라! 내가 비록 하늘로 올라가지 못했지만, 이 세상에서는 그 누구보다 눈에 띄는 강력한 귀신이다!

진명 / 검은 퇴마사

종류 : 악귀
스킬 : 쥐들을 괴물로 변신시켜 부하로 조종하는 능력 / 사람에게 빙의해서 조종하는 능력
크기 : 175cm
퇴치 방법 : 강림이 수신의 불로 소멸시킴

ㄱ	ㄱ	ㅇ	ㅎ

신비의 힌트

닭의 무리 가운데 있는 한 마리 학처럼, 많은 사람 중에서 눈에 띄는 뛰어난 사람을 말해요.

·입만 아프다
·독 안에 든 쥐

 관용어의 뜻

입만 아프다 : 여러 번 말하여도 받아들이지 아니하여 말한 보람이 없다.

예문 방 좀 정리하라고 매번 얘기해도 입만 아프구나.

독 안에 든 쥐 : 갇혀서 벗어날 수 없는 처지를 비유적으로 이르는 말.

예문 하하! 너는 이제 꼼짝할 수 없다. 독 안에 든 쥐 신세란 말이지.

어떡하지? 하리야, 안 되겠다. 신비를 부르자!

입만 아프다

| 입 | 만 | | 아 | 프 | 다 | | | | | | | |

| | | | | | | | | | | | | |

| | | | | | | | | | | | | |

독 안에 든 쥐

| 독 | | 안 | 에 | | 든 | | 쥐 | | | | | |

| | | | | | | | | | | | | |

| | | | | | | | | | | | | |

다음의 자음 글자가 들어가는 사자성어를 맞혀야 한다. 그렇지 않으면 내가 네 신발을 신고 가 버릴 거다!

양괭이 / 어둠의 사신

종류 : 선귀
스킬 : 낫이 달린 꼬리를 이용한 공격 /
입에서 토해내는 검은 기운(역병의 기운)
크기 : 180cm
퇴치 방법 : 상처투성이인 발에 신발을 선물해 주며
위로

| ㅂ | ㅇ | ㅂ | ㅈ |

신비의 힌트

똑같은 일이 한두 번에 그치지 않고 계속 많이 반복된
다는 뜻이에요.

정답 : 무인부중

• 뜸을 들이다
• 목에 힘을 주다

뜸을 들이다 : 일이나 말을 하기 전에, 쉬거나 여유를 갖기 위해
서둘지 않고 잠시 가만히 있는 경우

예문 무슨 말을 하려고 이렇게 뜸을 들이니?

목에 힘을 주다 : 거드름을 피우거나 남을 깔보는 듯한 태도를 취하다.

예문 동생은 2학년이 되자, 1학년 앞에서 목에 힘을 주고 다닌다.

나온나,
시간 되돌리기 요술!

뜸을 들이다

뜸	을		들	이	다								

목에 힘을 주다

목	에		힘	을		주	다						

귀신의 사자성어 퀴즈

다음의 자음 글자가 들어가는 사자성어를 맞히는 게 좋을걸. 맞히지 못하면 배가 터지도록 먹게 만든 후, 너를 잡아먹을 테니!

금돼지 / 탐욕의 포식자

종류 : 선귀
스킬 : 폭식하게 만드는 검은 기운 /
　　　무지막지한 괴력
크기 : 300cm
퇴치 방법 : 따뜻한 밥을 대접하여 위로

ㅈ	ㅍ	ㅈ	ㄱ

신비의 힌트

상대의 상황과 나의 상황을 잘 알고 있다는 뜻이에요.

관용어와 그에 맞는 뜻이 맞게 이어지도록 선을 연결해 주세요.

가슴이 뜨끔하다 • • 여러 번 말하여도 받아들이지 아니하여 말한 보람이 없다.

입만 아프다 • • 매우 놀라거나 좋아하다.

입이 딱 벌어지다 • • 갇혀서 벗어날 수 없는 처지를 비유적으로 이르는 말

독 안에 든 쥐 • • 일이나 말을 하기 전에, 쉬거나 여유를 갖기 위해 서둘지 않고 잠시 가만히 있는 경우

뜸을 들이다 • • 거드름을 피우거나 남을 깔보는 듯한 태도를 취하다.

목에 힘을 주다 • • 자극을 받아 마음이 깜짝 놀라거나 양심의 가책을 받다.

두 그림 중 서로 다른 곳 5군데를 찾아
아래 그림에 ○해 보세요.

무게를 잡다
입을 모으다

머리를 쥐어짜다
물고 늘어지다

눈에 차다
오지랖이 넓다

2장

·무게를 잡다
·입을 모으다

우리 반에 새로 전학 온 나천재야!

오~ 이름이 천재!

머리도 천재예요.

천재라서 무게를 잡고 있는 거냐?

휴일인데 왜 불러낸 거냐, 구두리?

같이 떡볶이 먹자고~! 동네 사람들이 입을 모아 맛있다고 하는 떡볶이집이야!

뭐? 떡볶이?

관용어의 뜻

무게를 잡다 : 점잖은 척하며 분위기를 무겁게 만들다.

예문 아빠가 보통 때와는 달리 무게를 잡고 야단치셨다.

입을 모으다 : 여러 사람이 모두 같은 의견을 말하다.

예문 시험을 앞두고 몰아서 하는 공부는 도움이 안 된다고 선생님들은 입을 모아 이야기한다.

난 엄청 귀하게 자라서 떡볶이는 먹어 본 적이 없다고!

무게를 잡다

무	게	를		잡	다							

입을 모으다

입	을		모	으	다							

귀신의 사자성어 퀴즈

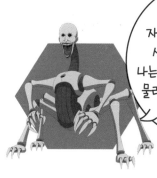

다음의 자음 글자가 들어가는 사자성어를 맞혀라! 나는 아무리 공격을 받아도 물러서지 않는 영혼 없는 전사다!

각귀 / 영혼 없는 전사

종류 : 괴수
스킬 : 영혼 없이 입력된 대상만을 집요하게 추적하는 인형
크기 : 177cm
퇴치 방법 : 금비의 시간요술로 인형술사에게 조종 당하기 전의 상태로 되돌린다.

ㅊ	ㅈ	ㅍ	ㄱ

신비의 힌트

일곱 번 넘어져도, 여덟 번 다시 일어나 싸운다는 뜻으로 여러 번 실패해도 포기하지 않고 꾸준히 노력한다는 뜻이야!

·머리를 쥐어짜다
·물고 늘어지다

관용어의 뜻

머리를 쥐어짜다 : 몹시 애를 써서 궁리하다.

예문 아무리 머리를 쥐어짜도 별 뾰족한 방법이 떠오르지 않았다.

물고 늘어지다 : 어떤 일을 계속 오래 붙잡고 놓지 아니하다.

예문 하리는 한번 틀린 수학 문제는 완전하게 풀릴 때까지 물고 늘어지는 성격이다.

이렇게 어려운 문제를 나보고 풀라고?

머리를 쥐어짜다

머	리	를		쥐	어	짜	다				

물고 늘어지다

물	고		늘	어	지	다					

귀신의 사자성어 퀴즈

다음의 자음 글자가 들어가는 사자성어를 맞혀라! 제대로 맞히지 못하면 내가 너의 입을 지워 주마!

입질쟁이 / 속삭이는 검은 그림자
종류 : 선귀
스킬 : 공격 대상인 사람의 입을 지운다.
크기 : 300cm
퇴치 방법 : 가은의 위로

ㄱ	ㅅ	ㅇ	ㅅ

신비의 힌트

아홉 번 죽을 뻔하다 한 번 살아난다는 뜻으로, 죽을 고비를 여러 차례 넘기고 겨우 살아남을 말해요.

전 혼자 만드는 게 좋아요! 다른 애들이 하는 건 눈에 차지 않는다구요!

아… 천재야… 그래도 이건 협동심을 키우는 수업인데.

아~ 싫어~

에이~ 그러지 말고 같이하장~!

얘들아! 천재 왔어!

아오~ 오지랖이 넓은 구두리!

천재야, 근데 오지랖이 넓다는 건 좋은 거야?

관용어의 뜻

눈에 차다 : 흡족하게 마음에 들다.

예문 눈에 차는 물건이 없으니 다른 곳으로 가 보자.

오지랖이 넓다 : 쓸데없이 지나치게 아무 일에나 참견하는 면이 있다.

예문 넌 얼마나 오지랖이 넓기에 내 시험점수까지 알고 있는 거니?

눈에 차다

눈	에		차	다							

| | | | | | | | | | | | |

| | | | | | | | | | | | |

오지랖이 넓다

오	지	랖	이		넓	다					

| | | | | | | | | | | | |

| | | | | | | | | | | | |

귀신의 사자성어 퀴즈

다음의 자음 글자가 들어가는 사자성어를 맞혀라! 내가 독이빨을 드러내기 전에 맞히는 게 좋을 거다!

우사첩 / 핏빛제왕의 귀환
종류 : 악귀
스킬 : 뱀파이어들의 피를 빨아 그들을 조종할 수 있다.
크기 : 170cm
퇴치 방법 : 강림, 리온, 이안의 협동공격

ㅂ	ㅅ	ㅂ	ㅇ

신비의 힌트

어느 정도 믿기는 하지만 확실히 믿지 못하고 의심한다는 뜻으로, 반만 믿고 반은 믿지 못한다는 말이에요.

관용어와 그에 맞는 뜻이 맞게 이어지도록 선을 연결해 주세요.

무게를 잡다 •   • 어떤 일을 계속 오래 붙잡고 놓지 아니하다.

입을 모으다 •   • 흡족하게 마음에 들다.

머리를 쥐어짜다 •   • 점잖은 척하며 분위기를 무겁게 만들다.

물고 늘어지다 •   • 몹시 애를 써서 궁리하다.

눈에 차다 •   • 여러 사람이 모두 같은 의견을 말하다.

오지랖이 넓다 •   • 쓸데없이 지나치게 아무 일에나 참견하는 면이 있다.

신비 친구들과 놀이 타임!

두 그림 중 서로 다른 곳 5군데를 찾아
아래 그림에 ○해 보세요.

손이 크다
하루에도 열두 번

혀를 내두르다
쥐구멍을 찾다

화가 머리끝까지 나다
금이 가다

3장

•손이 크다
•하루에도 열두 번

이야! 잘됐다! 우리 오늘 떡볶이 사 먹고 너희 집 가자!

떡볶이?! 와아!

내가 살 테니라… 라면도 먹을 수 있을까?

뭐? 네가 산다고?

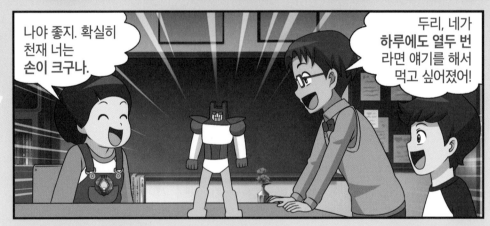

나야 좋지. 확실히 천재 너는 손이 크구나.

두리, 네가 **하루에도 열두 번** 라면 얘기를 해서 먹고 싶어졌어!

 관용어의 뜻

손이 크다 : 씀씀이가 후하고 크다.

예문 손이 큰 어머니는 손님이 올 때마다 한상 가득 음식을 차리셨다.

하루에도 열두 번 : 매우 자주

예문 두리는 하루에도 열두 번 배가 고프다고 말하는 애야.

우리다 같이 천재가 사주는 라면 먹으러 갈래?

34

손이 크다

손	이		크	다					

하루에도 열두 번

하	루	에	도		열	두		번	

귀신의 사자성어 퀴즈

다음의 자음 글자가 들어가는 사자성어를 맞혀라! 그렇지 않으면 네 몸이 더러워지는 것처럼 환각을 느끼게 될 것이다!

취생 / 잿빛향의 저주

종류 : 선귀
스킬 : 피부가 더러워지는 환각에 걸리게 함 /
　　　연기 형태이기 때문에 물리적 타격으로는 피해를
　　　입지 않음
크기 : 무제한
퇴치 방법 : 취생의 생전 물건을 닦아 주며 위로

ㅇ	ㅎ	ㅁ	ㅇ

신비의 힌트

눈 아래에 사람이 없다는 뜻으로, 혼자 잘난 척하며 교만하여 다른 사람을 업신여김을 말해요.

안하무인 : 답정 (거꾸로)

·혀를 내두르다
·쥐구멍을 찾다

혀를 내두르다 : 몹시 놀라거나 어이없어서 말을 못 하다.

예문 조그만 아이가 힘이 보통이 아니라며 모인 사람들이 모두 혀를 내둘렀다.

쥐구멍을 찾다 : 부끄럽거나 난처하여 어디에라도 숨고 싶어 하다.

예문 일이 들통나자, 쥐구멍을 찾고 싶은 심정이었다.

허를 내두르다

| 혀 | 를 | | 내 | 두 | 르 | 다 | |

쥐구멍을 찾다

| 쥐 | 구 | 멍 | 을 | | 찾 | 다 | |

귀신의 사자성어 퀴즈

다음의 자음 글자가 들어가는 사자성어를 맞혀라! 제대로 맞히지 못하면 너를 내 열 번째 꼬리로 만들 것이다!

구미호 / 아홉 개의 유혹

종류 : 괴수
스킬 : 남자아이의 영혼을 빼앗을수록 사람의 모습에 가깝게 변할 수 있다.
크기 : 160cm(사람) 140cm(변신 후)
퇴치 방법 : 리온을 계기로 남자아이들의 영혼을 다 풀어 주고 멀리 떠남

| ㅇ | ㅈ | ㅇ | ㄱ |

신비의 힌트

말 속에 뼈가 있다는 뜻으로, 평범한 말 속에 단단한 속뜻이 들어 있음을 뜻해요.

 관용어의 뜻

화가 머리끝까지 나다 : 엄청나게 화가 나다.

예문 내가 접시를 깨뜨린 것을 보고, 엄마는 머리끝까지 화가 나셨다.

금이 가다 : 서로의 사이가 벌어지거나 틀어지다.

예문 둘 사이의 우정에 금이 가다.

천재야, 괜찮아? 우리 우정은 영원할 거야!

38

화가 머리끝까지 나다

화가	머리끝까지	나다

금이 가다

금이	가다

귀신의 사자성어 퀴즈

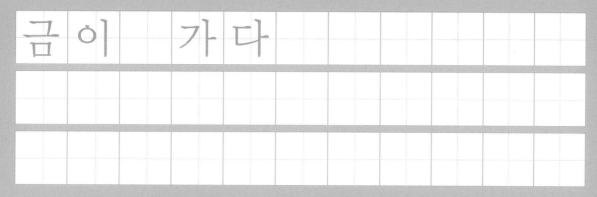

내가 나뭇가지들로 공격하는 걸 원하지 않는다면, 다음의 자음 글자가 들어가는 사자성어를 맞혀 보아라, 하하하!

당목귀 / 금지된 숲의 망령

종류 : 악귀
스킬 : 나뭇가지를 통해 다양한 생명체와 물체로
　　　분신할 수 있음 / 무한 재생되는 본체
크기 : 4m
퇴치 방법 : 물을 흡수하는 뿌리에 전염병을 퍼트려서
　　　　　　나무 본체를 썩게 만듦

ㅇ	ㅁ	ㅂ	ㅁ

신비의 힌트

자나 깨나 한시도 잊지 못하는 것을 말해요.

정답 : 오매불망

관용어와 그에 맞는 뜻이
맞게 이어지도록 선을 연결해 주세요.

손이 크다 ●

● 몹시 놀라거나 어이없어서
말을 못 하다.

하루에도 열두 번 ●

● 서로의 사이가 벌어지거나
틀어지다.

혀를 내두르다 ●

● 부끄럽거나 난처하여
어디에라도 숨고 싶어 하다.

쥐구멍을 찾다 ●

● 씀씀이가 후하고 크다.

화가 머리끝까지 나다 ●

● 매우 자주

금이 가다 ●

● 엄청나게 화가 나다.

숨은그림을 찾아 아래 그림에 ○해 보세요.
(숨은그림 : 반지, 도넛, 가위, 축구공)

머리를 굴리다
눈총을 쏘다

머리를 맞대다
손발을 맞추다

목을 놓다
불똥이 튀다

4장

• 머리를 굴리다
• 눈총을 쏘다

뭐… 두리 수준에 아무리 머리를 굴려도 맞는 길을 찾을 순 없을 거야….

ㅎㅎㅎ

음….

?

음….

아무래도 너 수상해.

다 사라졌는데 너만 있는 것도 이상하고….

나한테 왜 눈총을 쏘는 건데?

두리야!

머리를 굴리다 : 머리를 써서 해결 방안을 생각해 내다.

예문 이 문제는 아무리 머리를 굴려 봐도 답이 안 나온다.

눈총을 쏘다 : 몹시 쏘아보거나 노려보다.

예문 갑자기 물벼락을 맞은 가은이는 물을 쏟은 두리에게 눈총을 쏘았다.

나는 너를 도와주려고 그러는 것뿐이라고!

머리를 굴리다

머	리	를		굴	리	다			

눈총을 쏘다

눈	총	을		쏘	다				

귀신의 사자성어 퀴즈

다음의 자음 글자가 들어가는 사자성어를 맞혀 보아라, 나의 노란 불꽃에 타기 전에 빨리 맞히는 게 좋을 것이다!

청목형형 / 불타는 푸른 눈동자
종류 : 악귀
스킬 : 비명을 지르면서 노란 불꽃의 화염을 반사할 수 있다.
크기 : 40cm(금비와 동일)
퇴치 방법 : 가진 힘이 소진되어 두억시니가 조종을 그만두자 원 상태로 돌아옴

ㅊ	ㄱ	ㅁ	ㅂ

신비의 힌트

하늘이 높고 말이 살찐다는 뜻으로, 하늘이 맑아 높푸르게 보이고 온갖 곡식이 익는 계절 가을을 뜻해요.

천고마비 : 답정

· 머리를 맞대다
· 손발을 맞추다

이게 뭐야?

퍼져나가는 것들은 또 뭐고?

악귀가 조각조각 나뉘어서 도망쳐 버렸어!

뭐? 그… 그럼?!

일단 머리를 맞대고 생각해 보자.

앞으로 우리 셋이 손발을 맞춰서 귀신들을 잡아야겠어.

관용어의 뜻

머리를 맞대다 : 어떤 일을 의논하거나 결정하기 위하여 서로 마주 대하다.

예문 다 같이 머리를 맞대고 이 문제를 어떻게 풀지 생각해 보자.

손발을 맞추다 : 함께 일을 하는 데에 마음이나 의견, 행동 방식 따위를 서로 맞게 하다.

예문 우리 가족이 서로 손발을 맞춰야 화목하게 지낼 수 있어.

진짜 심각한 상황이네!

머리를 맞대다

머	리	를		맞	대	다			

손발을 맞추다

손	발	을		맞	추	다			

귀신의 사자성어 퀴즈

다음의 자음 글자가 들어가는 사자성어를 맞혀 보아라, 방망이에 붉은 기운을 다 끌어모아 공격을 하기 전에 맞히는게 좋을 것이다!

두억시니 / 저주받은 신의 아이

종류 : 도깨비
스킬 : 품속의 붉은 구슬 속에 봉인된 악귀들을 마음대로 부릴 수 있다 / 거대한 방망이를 휘둘러 공격하고 방망이에 붉은 기운을 끌어모아 강한 공격을 한다.
크기 : 300cm
퇴치 방법 : 착한 도깨비였을 때의 마을사람들의 영혼과 재회 후 한을 풀고 승천

ㅇ	ㅈ	ㅂ	ㄷ

신비의 힌트

흔들어도 꼼짝하지 않고 그대로 유지한다는 뜻이에요.

정답 : 요지부동

•목을 놓다
•불똥이 튀다

목을 놓다 : 주로 울거나 부르짖을 때에 참거나 삼가지 않고 소리를 크게 내다.

예문 할머니가 돌아가시자, 엄마는 목을 놓아 울었다.

불똥이 튀다 : 재앙이나 화가 미치다.

예문 누나가 수학시험 점수를 100점 맞는 바람에 50점 맞은
나에게 불똥이 튀었다.

목을 놓다

목	을		놓	다								

불똥이 튀다

불	똥	이		튀	다							

귀신의 사자성어 퀴즈

다음의 자음 글자가 들어가는 사자성어를 맞혀 보아라. 내 부하가 되기 싫다면 꼭 맞혀야 할 것이다!

진명 / 검은 퇴마사

종류 : 악귀
스킬 : 쥐들을 괴물로 변신시켜 부하로 조종하는 능력 /
　　　사람에게 빙의해서 조종하는 능력
크기 : 175cm
퇴치 방법 : 강림이 수신의 불로 소멸시킴

ㅈ	ㅎ	ㅈ	ㅊ

신비의 힌트

자기가 그린 그림을 스스로 칭찬한다는 뜻으로,
자기가 한 일을 스스로 자랑함을 이르는 말이에요.

정답 : 자화자찬

관용어와 그에 맞는 뜻이
맞게 이어지도록 선을 연결해 주세요.

머리를 굴리다 ●

● 함께 일을 하는 데에
마음이나 의견, 행동 방식
따위를 서로 맞게 하다.

눈총을 쏘다 ●

● 주로 울거나 부르짖을 때에
참거나 삼가지 않고 소리를
크게 내다.

머리를 맞대다 ●

● 재앙이나 화가 미치다.

손발을 맞추다 ●

● 머리를 써서 해결 방안을
생각해 내다.

목을 놓다 ●

● 몹시 쏘아보거나 노려보다.

불똥이 튀다 ●

● 어떤 일을 의논하거나 결정하기
위하여 서로 마주 대하다.

신비 친구들과 놀이 타임!

두 그림 중 서로 다른 곳 5군데를 찾아
아래 그림에 ○해 보세요.

가슴이 미어지다
어깨를 견주다

몸에 배다
샛길로 빠지다

마른침을 삼키다
고개를 들다

5장

·가슴이 미어지다
·어깨를 견주다

설… 설마, 나한테 초콜릿을? 가슴이 미어지는 것 같아.

아… 슬픈 예감이…

리온 오빠한테 전해주세요!

덥썩

역시….

!!

어깨를 견주는 친구 사이시잖아요.

관용어의 뜻

가슴이 미어지다 : 큰 기쁨이나 감격으로 마음속이 꽉 차다. 마음이 슬픔이나 고통으로 가득 차 견디기 힘들게 되다.

예문 다시 할머니를 만난 기쁨으로 가슴이 미어질 듯했다.

어깨를 견주다 : 서로 비슷한 지위나 힘을 가지다.

예문 현우와 나는 축구실력으로 어깨를 견주는 사이다.

리온과 나는 축구실력으로 어깨를 견주는 사이라구!!

가슴이 미어지다

| 가 | 슴 | 이 | | 미 | 어 | 지 | 다 | | | |

어깨를 견주다

| 어 | 깨 | 를 | | 견 | 주 | 다 | | | |

귀신의 사자성어 퀴즈

다음의 자음 글자가 들어가는 사자성어를 맞혀라! 만약 맞히지 못하면 너는 오늘 내 저녁 식사가 될걸!

금돼지 / 탐욕의 포식자

종류 : 선귀
스킬 : 폭식하게 만드는 검은 기운 /
　　　무지막지한 괴력
크기 : 300cm
퇴치 방법 : 따뜻한 밥을 대접하여 위로

| ㄱ | ㄱ | ㅊ | ㅅ |

신비의 힌트

지난날의 잘못이나 허물을 반성하고 올바르고 착하게
살기로 한다는 뜻이에요.

개과천선 : 답정

• 몸에 배다
• 샛길로 빠지다

아~ 이게 벌써 몇 번째냐고?

아니, 여자애들은 리온한테 직접 주지 왜 나한테 전해 달라는 거야?

이제 몸에 밸 때도 되지 않았니?

투덜

투덜

리온은 어디 가서 안 보이는 거야?

얘, 또 어디 샛길로 빠진 거 아냐?

어! 저기 있다!

!!

관용어의 뜻

몸에 배다 : 여러 번 겪거나 치러서 아주 익숙해지다.

예문 일찍 일어나는 게 몸에 배기까지 한 달 정도 걸렸다.

샛길로 빠지다 : 엉뚱한 곳으로 가거나 정도에서 벗어난 일을 하다.

예문 얘기 잘 하다가 갑자기 샛길로 빠지고 그래?

호랑이도 제말 하면 온다고 바로 찾았네.

몸에 배다

몸	에		배	다					

샛길로 빠지다

샛	길	로		빠	지	다			

귀신의 사자성어 퀴즈

다음의 자음 글자가 들어가는 사자성어를 맞혀라. 내 꼬리에 달린 낫이 너를 공격하기 전에 빨리 맞혀야 할 것이다!

양괭이 / 어둠의 사신

종류 : 선귀
스킬 : 낫이 달린 꼬리를 이용한 공격 /
입에서 토해내는 검은 기운(역병의 기운)
크기 : 180cm
퇴치 방법 : 상처투성이인 발에 신발을 선물해 주며
위로

ㄷ	ㅅ	ㄷ	ㄴ

신비의 힌트

여러 가지 일도 많고 어려움이나 탈도 많음을 뜻해요.

다사다난 : 답정

·마른침을 삼키다
·고개를 들다

관용어의 뜻

마른침을 삼키다 : 몹시 긴장하거나 초조해하다.

예문 긴장한 영수는 자꾸 마른침을 삼키고 있었다.

고개를 들다 : 남을 떳떳이 대하다.

예문 나 때문에 일이 잘못되었으니, 다른 사람들 앞에서 고개를 들지 못하게 되었다.

마른침을 삼키다

마	른	침	을		삼	키	다				

고개를 들다

고	개	를		들	다						

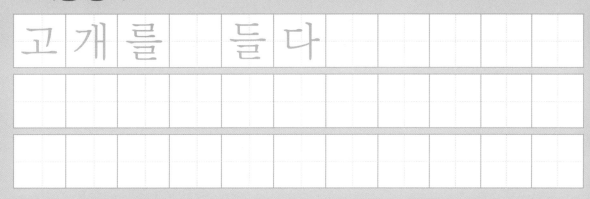

다음의 자음 글자가 들어가는 사자성어를 꼭 맞혀야만 한다. 맞히지 못하면 내가 네 영혼을 가져갈 것이다! 크크크!

각귀 / 영혼 없는 전사

종류 : 괴수
스킬 : 영혼 없이 입력된 대상만을 집요하게 추적하는 인형
크기 : 177cm
퇴치 방법 : 금비의 시간요술로 인형술사에게 조종 당하기 전의 상태로 되돌린다.

ㅂ	ㅇ	ㅁ	ㄷ

신비의 힌트

남에게 입은 은혜를 저버리고 배신하는 태도를 뜻하는 말이에요.

관용어와 그에 맞는 뜻이
맞게 이어지도록 선을 연결해 주세요.

몸에 배다 ●　　　　● 남을 떳떳이 대하다.

가슴이 미어지다 ●　　　　● 몹시 긴장하거나
초조해하다.

어깨를 견주다 ●　　　　● 엉뚱한 곳으로 가거나
정도에서 벗어난 일을 하다.

마른침을 삼키다 ●　　　　● 여러 번 겪거나 치러서
아주 익숙해지다.

샛길로 빠지다 ●　　　　● 큰 기쁨이나 감격으로
마음속이 꽉 차다. 마음이
슬픔이나 고통으로 가득 차
견디기 힘들게 되다.

고개를 들다 ●　　　　● 서로 비슷한 지위나
힘을 가지다.

두 그림 중 서로 다른 곳 5군데를 찾아
아래 그림에 ○해 보세요.

가슴에 새기다
막을 올리다

코가 꿰이다
코가 높다

손을 내밀다
봄눈 녹듯

6장

·가슴에 새기다
·막을 올리다

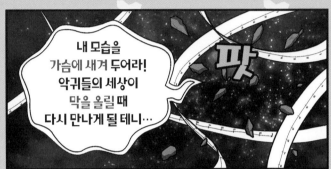

내 모습을 가슴에 새겨 두어라! 악귀들의 세상이 막을 올릴 때 다시 만나게 될 테니…

팟

풀썩

두근

악귀들의 세상이 열린다고?

가슴에 새기다 : 잊지 않게 단단히 마음에 기억하다.

예문 나는 할아버지가 하신 말씀을 늘 가슴에 새기면서 살고 있다.

막을 올리다 : 무대의 공연이나 어떤 행사를 시작하다.

예문 우리가 준비한 연극 공연은 막을 올리자마자, 큰 박수를 받았다.

도망치는 주제에 괜히 우리한테 겁을 주고 말이지…

가슴에 새기다

| 가 | 슴 | 에 | | 새 | 기 | 다 | | | | | | | |

막을 올리다

| 막 | 을 | | 올 | 리 | 다 | | | | | | | | |

귀신의 사자성어 퀴즈

다음의 자음 글자가 들어가는 사자성어를 맞혀 보렴. 빨리 맞히지 못하면 내 이가 몇 개나 되는지 보게 될걸!

입질쟁이 / 속삭이는 검은 그림자

종류 : 선귀
스킬 : 공격 대상인 사람의 입을 지운다.
크기 : 300cm
퇴치 방법 : 가은의 위로

| ㄱ | ㅅ | ㅊ | ㅎ |

난비의 힌트

비단 위에 꽃을 더한다는 뜻으로, 좋은 일 위에 또 좋은 일이 더하여짐을 뜻해요.

정답 : 금상첨화

넌 이제 나한테 코가 꿰였어.

크윽… 이…이럴 수가!

파스스

안 돼!!

한번 이겼다고 코가 높더니… 쌤통이다!

?!

 관용어의 뜻

코가 꿰이다 : 약점이 잡히다.

예문 신비는 금비에게 코가 꿰였는지 꼼짝도 못 한다.

코가 높다 : 잘난 체하고 뽐내는 기세가 있다.

예문 그녀는 코가 높아서 네가 상대하기 쉽지 않겠구나.

내 능력을 보여줄 차례군!

코가 꿰이다

코	가		꿰	이	다								

코가 높다

코	가		높	다									

귀신의 사자성어 퀴즈

다음의 자음이 들어가는 사자성어를 맞혀라! 너도 뱀파이어가 되고 싶지 않다면 말이다!

우사첩 / 핏빛제왕의 귀환
종류 : 악귀
스킬 : 뱀파이어들의 피를 빨아 그들을 조종할 수 있다.
크기 : 170cm
퇴치 방법 : 강림, 리온, 이안의 협동공격

ㅇ	ㅎ	ㅅ	ㅂ

신비의 힌트

강자끼리 서로 싸우다 또는 용과 호랑이가 서로 싸운다는 뜻에서 나온 말이에요.

·손을 내밀다
·봄눈 녹듯

리온!!

하리가 손을 내밀어 도와줘서 결계를 풀 수 있었어! 고마워!

강림이는?

콰 악 꺅!

봄눈 녹듯 사라진 줄 알았지?

관용어의 뜻

악귀녀, 아주 끈질기군.

손을 내밀다 : 도움, 간섭 따위가 어떤 곳에 미치게 하다.

예문 화재로 집을 잃은 이웃에게 손을 내미는 게 옳다.

봄눈 녹듯 : 봄볕에 눈이 녹듯 무엇이 빨리 슬어 없어지는 모양을 나타내는 말

예문 친구의 사과에 내 화는 봄눈 녹듯 풀어졌다.

손을 내밀다

손	을		내	밀	다					

봄눈 녹듯

봄	눈		녹	듯						

귀신의 사자성어 퀴즈

다음의 자음 글자를 보고 사자성어를 맞혀라! 냄새가 지독한 연기 속에 갇히고 싶지 않다면 제대로 맞혀 보아라!

취생 / 잿빛향의 저주

종류 : 선귀
스킬 : 피부가 더러워지는 환각에 걸리게 함 /
연기 형태이기 때문에 물리적 타격으로는 피해를
입지 않음
크기 : 무제한
퇴치 방법 : 취생의 생전 물건을 닦아 주며 위로

ㄱ	ㅇ	ㅈ	ㄱ

신비의 힌트

개와 원숭이의 사이라는 뜻으로, 사이가 매우 나쁜
두 관계를 비유적으로 이르는 말이에요.

관용어와 그에 맞는 뜻이
맞게 이어지도록 선을 연결해 주세요.

| 가슴에 새기다 | ● | ● | 봄볕에 눈이 녹듯 무엇이 빨리 슬어 없어지는 모양을 나타내는 말. |

| 막을 올리다 | ● | ● | 도움, 간섭 따위의 행위가 어떤 곳에 미치게 하다. |

| 코가 꿰이다 | ● | ● | 무대의 공연이나 어떤 행사를 시작하다. |

| 코가 높다 | ● | ● | 약점이 잡히다. |

| 손을 내밀다 | ● | ● | 잊지 않게 단단히 마음에 기억하다. |

| 봄눈 녹듯 | ● | ● | 잘난 체하고 뽐내는 기세가 있다. |

숨은그림을 찾아 아래 그림에 ○해 보세요.
(숨은그림 : 열쇠, 쥬스, 파인애플, 아이스크림)

겁에 질리다
이를 악물다

한술 더 뜨다
세상을 떠나다

김빠지다
숲을 이루다

7장

거기 통통한 녀석, 너 나랑 한판 붙자!

나머지는 다 눈속에 갇혔으니!

야! 치사하다!

왜 나… 나야? 나 벌써 겁에 질려 버렸어.

부들

부들

두리야, 정신 차려! 귀신과 이를 악물고 싸워야 해!

나 혼자 이 무서운 눈사람귀신이랑 싸우라고?

 관용어의 뜻

겁에 질리다 : 잔뜩 겁을 먹어서 기를 못 쓰다.

예문 두리는 귀신 때문에 겁에 질려서 얼굴이 하얘졌다.

이를 악물다 : 힘들고 어려운 난관을 헤쳐나가기 위해 굳은 결심을 하다.

예문 두리는 이번에는 꼭 성공시키겠다고 이를 악물었다.

겁에 질리다

겁	에		질	리	다							

이를 악물다

이	를		악	물	다							

귀신의 사자성어 퀴즈

아홉 개의 꼬리로 너를 묶어버리기 전에 다음의 자음 글자가 들어가는 사자성어를 맞혀라!

구미호 / 아홉 개의 유혹

종류 : 괴수
스킬 : 남자아이의 영혼을 빼앗을수록 사람의 모습에
　　　가깝게 변할 수 있다.
크기 : 160cm(사람) 140cm(변신 후)
퇴치 방법 : 리온을 계기로 남자아이들의 영혼을
　　　　　다 풀어 주고 멀리 떠남

ㅇ	ㅈ	ㅈ	ㅈ

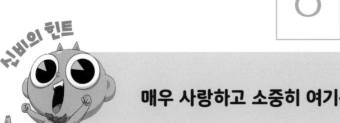

신비의 힌트

매우 사랑하고 소중히 여기는 모양을 말해요.

· 한술 더 뜨다
· 세상을 떠나다

이번엔 우리가 낸 문제를 네가 맞혀 봐라! 못 맞히면 끝장을 내주겠다!!

한술 더 떠서 너희들이 나를 시험한다고?

틀리면 이 세상을 떠나게 해 주마!

그런 게 어딨냐?

시끄럽다! 잘 들어!

핵

한술 더 뜨다 : 이미 어느 정도 잘못되어 있는 일에 대하여 한 단계 더 나아가 엉뚱한 짓을 하다.

예문 자기 잘못을 인정하기는커녕 한술 더 떠서 도리어 내게 화를 냈다.

세상을 떠나다 : '죽다'를 완곡하게 이르는 말

예문 할아버지는 올봄에 세상을 떠나셨다.

아마, 이 문제는 맞히지 못할걸?

한술 더 뜨다

한	술		더		뜨	다				

세상을 떠나다

세	상	을		떠	나	다				

귀신의 사자성어 퀴즈

다음의 자음 글자가 들어가는 사자성어를 맞혀라! 나의 분신 100개를 만들어 너를 둘러싸기 전에 맞히는 게 좋을걸.

당목귀 / 금지된 숲의 망령

종류 : 악귀

스킬 : 나뭇가지를 통해 다양한 생명체와 물체로 분신할 수 있음 / 무한 재생되는 본체

크기 : 4m

퇴치 방법 : 물을 흡수하는 뿌리에 전염병을 퍼트려서 나무 본체를 썩게 만듦

ㅂ	ㅈ	ㅂ	ㅅ

신비의 힌트

백 번을 싸워도 백 번 다 이긴다는 뜻으로 싸울 때마다 다 이기는 걸 말해요.

· 김빠지다
· 숲을 이루다

흔해 빠진 곰돌이는 저리 가라! 이젠 병아리 빵의 시대야!

난 안에도 초콜릿을 잔뜩 넣었지!

윗! 괜찮은데….

가은이는?

난 그냥 평범한 빵반죽이야.

에이, 김빠지게…

초콜릿이 숲을 이루고 있네.

구우면 더 예뻐질 거야.

 관용어의 뜻

김빠지다 : 의욕이나 흥미가 사라져서 재미없게 된다.

[예문] 내일 놀이공원에 갈 수 있을 줄 알았는데, 비가 온다니 김빠지네.

숲을 이루다 : 많은 것이 빽빽이 들어서 있다.

[예문] 그곳에는 시커먼 공장 굴뚝이 숲을 이루고 있었다.

곰돌이 빵이 터지지 않고 잘 구워져야 할 텐데…

78

김빠지다

김	빠	지	다								

숲을 이루다

숲	을		이	루	다						

귀신의 사자성어 퀴즈

다음의 자음이 들어가는 사자성어를 맞혀라! 노란 불꽃이 너를 휘감기 전에 빨리 맞혀야 할 것이다!

청목형형 / 불타는 푸른 눈동자

종류 : 악귀
스킬 : 비명을 지르면서 노란 불꽃의 화염을 반사할 수
       있다.
크기 : 40cm(금비와 동일)
퇴치 방법 : 가진 힘이 소진되어 두억시니가 조종을
           그만두자 원 상태로 돌아옴

ㄱ	ㄷ	ㅈ	ㅁ

신비의 힌트

머리와 꼬리를 잘라 버리고 어떤 일의 요점만
간단히 말한다는 뜻이에요.

거두절미 : 답정

관용어와 그에 맞는 뜻이
맞게 이어지도록 선을 연결해 주세요.

겁에 질리다 •

• 의욕이나 흥미가 사라져서
재미없게 되다.

이를 악물다 •

• 많은 것이 빽빽이 들어서 있다.

김빠지다 •

• 잔뜩 겁을 먹어서 기를
못 쓰다.

숲을 이루다 •

• 이미 어느 정도 잘못되어 있는
일에 대하여 한단계 더 나아가
엉뚱한 짓을 하다.

한술 더 뜨다 •

• 힘들고 어려운 난관을
헤쳐 나가기 위해 굳은
결심을 하다.

세상을 떠나다 •

• '죽다'를 완곡하게 이르는 말

두 그림 중 서로 다른 곳 5군데를 찾아
아래 그림에 ○해 보세요.

눈 딱 감다
입맛을 다시다

코웃음을 치다
눈이 높다

물 만난 고기
눈에 밟히다

8장

· 눈 딱 감다
· 입맛을 다시다

너… 너는!

빨리도 알아본다!

도대체 언제까지 날 괴롭힐 거야?

이제 눈 딱 감고 너희들 세상으로 돌아갈 때도 됐잖아!

네놈들 때문에 사람들의 영혼을 뺏지 못하고 매번 입맛을 다시다 숨을 수밖에 없었다. 복수는 하고 가야지!

 관용어의 뜻

어유… 이제 지겹다, 지겨워!

눈 딱 감다 : 더 이상 다른 것을 생각하지 않다.

예문 이번 기회에 눈 딱 감고 최신 휴대폰 좀 사주세요!

입맛을 다시다 : 일이 마음대로 되지 아니하여 귀찮아하거나 난처해하다.

예문 두리는 50점 맞은 수학 시험지를 보며 입맛을 다셨다.

84

눈 딱 감다

눈	딱	감	다				

입맛을 다시다

입	맛	을		다	시	다	

귀신의 사자성어 퀴즈

다음의 자음 글자로 된 사자성어를 맞히거라. 그렇지 않으면 붉은 구슬 속의 악귀들이 뛰쳐나와 너를 괴롭힐 것이다!

두억시니 / 저주받은 신의 아이

종류 : 도깨비
스킬 : 품속의 붉은 구슬 속에 봉인된 악귀들을 마음대로
　　　 부릴 수 있다 / 거대한 방망이를 휘둘러 공격하고
　　　 방망이에 붉은 기운을 끌어모아 강한 공격을 한다.
크기 : 300cm
퇴치 방법 : 착한 도깨비였을 때의 마을사람들의
　　　　　 영혼과 재회 후 한을 풀고 승천

ㅇ	ㅈ	ㅌ	ㅇ

신비의 힌트

둘 중에서 하나를 고른다는 뜻의 말이에요.

•코웃음을 치다
•눈이 높다

꿈에 나올까 두렵다! 피 흘리는 곰돌이 빵이냐?

너도 망쳤으면서…. 내 빵에 코웃음을 치지 마!

가은이 너는?

응?

난 그냥 평범한 식빵이 됐지.

모락 모락

으앙~ 내가 너무 눈이 높았나 봐.

 관용어의 뜻

코웃음을 치다 : 남을 깔보고 비웃다.

예문 그는 상대를 보고는 속으로 코웃음을 쳤다.

눈이 높다 : 정도 이상의 좋은 것만 찾는 버릇이 있다.

예문 나는 눈이 높아서 웬만한 것은 마음에 들지 않아요.

나도 그냥 평범한 빵을 만들걸….

코웃음을 치다

| 코 | 웃 | 음 | 을 | | 치 | 다 | |

눈이 높다

| 눈 | 이 | | 높 | 다 | |

귀신의 사자성어 퀴즈

다음의 자음 글자를 보고 사자성어를 맞히거라! 쥐들을 괴물로 변신시켜 너를 쫓기 전에!

진명 / 검은 퇴마사

종류 : 악귀
스킬 : 쥐들을 괴물로 변신시켜 부하로 조종하는 능력 /
사람에게 빙의해서 조종하는 능력
크기 : 175cm
퇴치 방법 : 강림이 수신의 불로 소멸시킴

| ㄱ | ㅈ | ㄷ | ㅈ |

신비의 힌트

분에 넘치는 듯싶어 매우 고맙게
여기는 모양을 뜻해요.

신비야, 눈사람이 그게 뭐야?

진짜 창의적이지?

신비 너도 참….

둘 다 춥다고 싫어하더니, 지금은 물 만난 고기 같네.

어쨌든 신비의 눈사람은 나중에도 눈에 밟힐 거 같아.

 관용어의 뜻

물 만난 고기 : 어려운 지경에서 벗어나 크게 활약할 기회를 얻은 상황을 이르는 말.

예문 두리는 시험이 끝나자마자, 물 만난 고기처럼 친구들과 함께 놀이터로 뛰어갔다.

눈에 밟히다 : 잊히지 않고 자꾸 눈에 떠오르다.

예문 어머니의 모습이 눈에 밟혀 차마 혼자 떠날 수 없었다.

나도 멋진 눈사람을 만들어 볼까?

물 만난 고기

| 물 | 만난 | 고기 | |

눈에 밟히다

| 눈 | 에 | 밟 | 히 | 다 |

다음의 자음 글자를 가진 사자성어를 맞혀라! 입에서 토해내는 검은 기운으로 너를 쓰러트리기 전에 빨리 맞혀야 할 것이다!

양쾡이 / 어둠의 사신
종류 : 선귀
스킬 : 낫이 달린 꼬리를 이용한 공격 /
　　　입에서 토해내는 검은 기운(역병의 기운)
크기 : 180cm
퇴치 방법 : 상처투성이인 발에 신발을 선물해 주며
　　　　　　위로

| ㅂ | ㅂ | ㅂ | ㅈ |

신비의 힌트

백 번 쏘아 백 번 맞힌다는 뜻으로, 총이나 활 따위를 쏠 때마다 겨눈 곳에 다 맞음을 이르는 말이에요.

관용어와 그에 맞는 뜻이
맞게 이어지도록 선을 연결해 주세요.

물 만난 고기 •   • 정도 이상의 좋은 것만
                                          찾는 버릇이 있다.

눈에 밟히다 •   • 더 이상 다른 것을 생각하지
                                          않다.

코웃음을 치다 •   • 잊히지 않고 자꾸 눈에
                                          떠오르다.

눈이 높다 •   • 남을 깔보고 비웃다.

눈 딱 감다 •   • 일이 마음대로 되지 아니하여
                                          귀찮아하거나 난처해하다.

입맛을 다시다 •   • 어려운 지경에서 벗어나 크게
                                          활약할 기회를 얻은 상황을
                                          이르는 말

숨은그림을 찾아 아래 그림에 ○해 보세요.
(숨은그림 : 사과, 파인애플, 연필, 연)

꽁무니를 빼다
파김치가 되다

발바닥에 불이 나다
말꼬리를 잡다

깨가 쏟아지다
눈독을 들이다

• 꽁무니를 빼다
• 파김치가 되다

얘기를 들어보니 뭔가 이상해….

악귀가 꽁무니를 빼기 전에 결계를 쳐야 할 거 같아!

나는 물론이고 금비까지 힘이 빠져서 파김치가 됐어. 결계를 칠 수가 없어!

나도 힘이 없어서 소환할 수가 없어….

 관용어의 뜻

꽁무니를 빼다 : 슬그머니 피하여 물러나다.

예문 내가 갑자기 호루라기를 불자, 그는 꽁무니를 빼고 달아났다.

파김치가 되다 : 몹시 지쳐서 기운이 아주 느른하게 되다.

예문 오후 내내 축구를 하고 나서, 파김치가 되어 집에 돌아왔다.

그래? 그럼 우선 내가 돌아다니며 악귀를 찾아볼게.

94

관용어 따라 쓰기

꽁무니를 빼다

꽁	무	니	를		빼	다						

파김치가 되다

파	김	치	가		되	다						

귀신의 사자성어 퀴즈

다음의 자음 글자로 된 사자성어를 맞혀라! 너도 나처럼 닥치는 대로 먹어치우는 돼지로 만들기 전에 맞히는 게 좋을 것이다!

금돼지 / 탐욕의 포식자

종류 : 선귀
스킬 : 폭식하게 만드는 검은 기운 /
　　　무지막지한 괴력
크기 : 300cm
퇴치 방법 : 따뜻한 밥을 대접하여 위로

ㅇ	ㄱ	ㅇ	ㅅ

신비의 힌트

우공이 산을 옮긴다는 뜻으로, 아무리 큰 일이라도 끊임없이 노력하면 반드시 이루어짐을 뜻해요.

정답 : 우공이산

·발바닥에 불이 나다
·말꼬리를 잡다

화장실까지 쫓아오다니 너무한 거 아니야?

시끄럽다! 발바닥에 불이 나도록 널 찾아다녔다구!

다리도 없으면서 무슨 불이 나?

!!

크악! 말꼬리를 잡지 말고 내가 낸 문제나 풀어라!

크아아

하지만 화장실까지 쫓아오는 건 진짜 너무한 거라구!

 관용어의 뜻

발바닥에 불이 나다 : 부리나케 여기저기 돌아다니다.

예문 발바닥에 불이 날 정도로 온 동네를 쏘다녔다.

말꼬리를 잡다 : 남의 말 가운데서 잘못 표현된 부분의 약점을 잡다.

예문 괜히 말꼬리를 잡지 말고, 네가 원하는 게 뭔지 말해.

발바닥에 불이 나다

발	바	닥	에		불	이		나	다

말꼬리를 잡다

말	꼬	리	를		잡	다

귀신의 사자성어 퀴즈

다음의 자음 글자가 들어가는 사자성어를 맞혀 보아라! 맞히지 못하면 내가 너를 세상 끝까지 쫓아가겠다!

각귀 / 영혼 없는 전사

종류 : 괴수
스킬 : 영혼 없이 입력된 대상만을 집요하게 추적하는 인형
크기 : 177cm
퇴치 방법 : 금비의 시간요술로 인형술사에게 조종 당하기 전의 상태로 되돌린다.

ㄷ	ㅁ	ㅅ	ㄷ

신비의 힌트

물음과는 전혀 상관없는 엉뚱한 대답을 뜻해요.

·깨가 쏟아지다
·눈독을 들이다

다행이야! 귀신도 잡고… 하리와 강림이도 깨가 쏟아지고….

고마워, 강림아!

하리야, 그동안 힘들었지?

저 녀석 말고도 우리한테 눈독을 들이는 악귀들이 많으니 절대 방심해선 안 돼!

응!

나… 나도 조심할게, 강림이 형.

 관용어의 뜻

깨가 쏟아지다 : 몹시 아기자기하고 재미가 나다.

예문 깨가 쏟아지는 신혼살림.

눈독을 들이다 : 욕심을 내어 눈여겨보다.

예문 주인이 먹다 남긴 생선에 고양이가 눈독을 들이고 있다.

신비야, 우리도 깨가 좀 쏟아져 보재이~~

깨가 쏟아지다

깨	가		쏟	아	지	다				

눈독을 들이다

눈	독	을		들	이	다				

다음의 자음 글자로 사자성어를 맞혀라! 내가 너도 뱀파이어로 만들기 전에 맞혀야 할 것이다!

우사첩 / 핏빛제왕의 귀환

종류 : 악귀
스킬 : 뱀파이어들의 피를 빨아 그들을 조종할 수 있다.
크기 : 170cm
퇴치 방법 : 강림, 리온, 이안의 협동공격

ㅂ	ㅈ	ㄷ	ㅅ

신비의 힌트

손뼉을 치며 크게 웃는 모습을 뜻해요.

박장대소 : 답정

관용어와 그에 맞는 뜻이
맞게 이어지도록 선을 연결해 주세요.

꽁무니를 빼다 •

• 욕심을 내어 눈여겨보다.

파김치가 되다 •

• 몹시 아기자기하고 재미가
나다.

발바닥에 불이 나다 •

• 슬그머니 피하여 물러나다.

말꼬리를 잡다 •

• 몹시 지쳐서 기운이
아주 느른하게 되다.

깨가 쏟아지다 •

• 부리나케 여기저기
돌아다니다.

눈독을 들이다 •

• 남의 말 가운데서 잘못 표현된
부분의 약점을 잡다.

두 그림 중 서로 다른 곳 5군데를 찾아
아래 그림에 ○해 보세요.

정답

두리와 함께 하는 관용어 복습

관용어와 그에 맞는 뜻이
맞게 이어지도록 선을 연결해 주세요.

가슴이 뜨끔하다 · · 여러 번 말하여도 받아들이지
아니하여 말한 보람이 없다.

입만 아프다 · · 매우 놀라거나 좋아하다.

입이 딱 벌어지다 · · 갇혀서 벗어날 수 없는
처지를 비유적으로 이르는 말

독 안에 든 쥐 · · 일이나 말을 하기 전에, 쉬거나
여유를 갖기 위해 서둘지
않고 잠시 가만히 있는 경우

뜸을 들이다 · · 거드름을 피우거나 남을
깔보는 듯한 태도를 취하다.

목에 힘을 주다 · · 자극을 받아 마음이 깜짝
놀라거나 양심의 가책을 받다.

20

신비 친구들과 놀이 타임!

두 그림 중 서로 다른 곳 5군데를 찾아
아래 그림에 ○해 보세요.

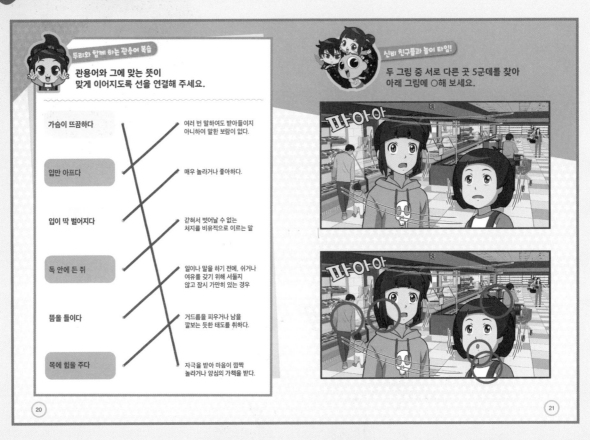

21

두리와 함께 하는 관용어 복습

관용어와 그에 맞는 뜻이
맞게 이어지도록 선을 연결해 주세요.

무게를 잡다 · · 어떤 일을 계속 오래 붙잡고
놓지 아니하다.

입을 모으다 · · 흐뭇하게 마음에 들다.

머리를 쥐어짜다 · · 점잖은 척하며 분위기를
무겁게 만들다.

물고 늘어지다 · · 몹시 애를 써서 궁리하다.

눈에 차다 · · 여러 사람이 모두 같은
의견을 말하다.

오지랖이 넓다 ── 쓸데없이 지나치게
아무 일에나 참견하는
면이 있다.

30

신비 친구들과 놀이 타임!

두 그림 중 서로 다른 곳 5군데를 찾아
아래 그림에 ○해 보세요.

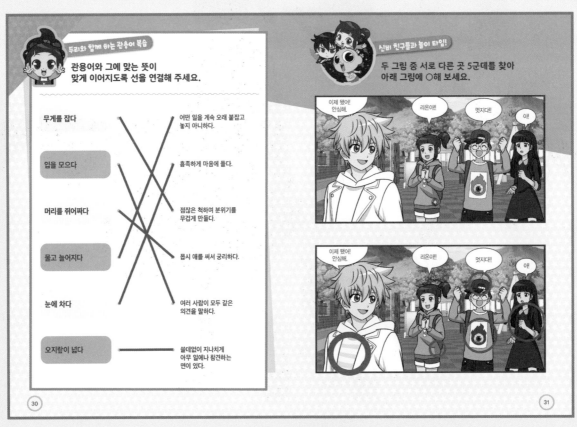

31

104

두리와 함께 하는 관용어 복습

관용어와 그에 맞는 뜻이
맞게 이어지도록 선을 연결해 주세요.

손이 크다

하루에도 열두 번

허를 내두르다

쥐구멍을 찾다

화가 머리끝까지 나다

금이 가다

몹시 놀라거나 어이없어서
말을 못 하다.

서로의 사이가 벌어지거나
틀어지다.

부끄럽거나 난처하여
어디에라도 숨고 싶어 하다.

씀씀이가 후하고 크다.

매우 자주

엄청나게 화가 나다.

신비 친구들과 놀이 타임!

숨은그림을 찾아 아래 그림에 ○해 보세요.
(숨은그림 : 반지, 도넛, 가위, 축구공)

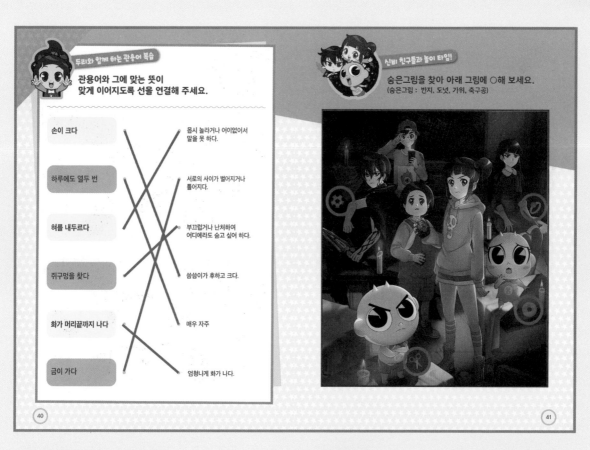

40

41

두리와 함께 하는 관용어 복습

관용어와 그에 맞는 뜻이
맞게 이어지도록 선을 연결해 주세요.

머리를 굴리다

눈총을 쏘다

머리를 맞대다

손발을 맞추다

목을 놓다

불똥이 튀다

함께 일을 하는 데에
마음이나 의견, 행동 방식
따위를 서로 맞게 하다.

주로 울거나 부르짖을 때에
참거나 삼가지 않고 소리를
크게 내다.

재앙이나 화가 미치다.

머리를 써서 해결 방안을
생각해 내다.

몹시 쏘아보거나 노려보다.

어떤 일을 의논하거나 결정하기
위하여 서로 마주 대하다.

신비 친구들과 놀이 타임!

두 그림 중 서로 다른 곳 5군데를 찾아
아래 그림에 ○해 보세요.

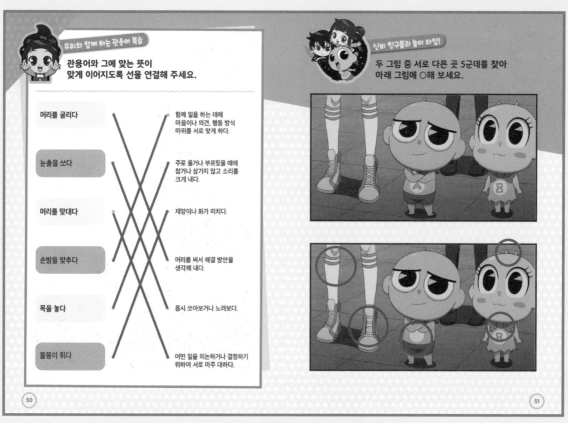

50

51

두리와 함께 하는 관용어 복습

관용어와 그에 맞는 뜻이
맞게 이어지도록 선을 연결해 주세요.

몸에 배다	남을 떳떳이 대하다.
가슴이 미어지다	몹시 긴장하거나 초조하다.
어깨를 견주다	엉뚱한 곳으로 가거나 정도에서 벗어난 일을 하다.
마른침을 삼키다	여러 번 겪거나 치러서 아주 익숙해지다.
샛길로 빠지다	큰 기쁨이나 감격으로 마음속이 꽉 차다. 마음이 슬픔이나 고통으로 가득 차 견디기 힘들게 되다.
고개를 들다	서로 비슷한 지위나 힘을 가지다.

신비 친구들과 놀이 타임!

두 그림 중 서로 다른 곳 5군데를 찾아
아래 그림에 ○해 보세요.

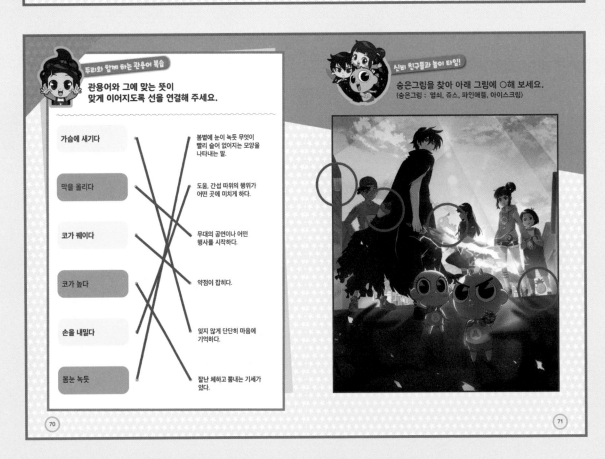

두리와 함께 하는 관용어 복습

관용어와 그에 맞는 뜻이
맞게 이어지도록 선을 연결해 주세요.

가슴에 새기다	봄볕에 눈이 녹듯 무엇이 빨리 슬어 없어지는 모양을 나타내는 말.
막을 올리다	도움, 간섭 따위의 행위가 어떤 곳에 미치게 하다.
코가 꿰이다	무대의 공연이나 어떤 행사를 시작하다.
코가 높다	약점이 잡히다.
손을 내밀다	잊지 않게 단단히 마음에 기억하다.
봄눈 녹듯	잘난 체하고 뽐내는 기세가 있다.

신비 친구들과 놀이 타임!

숨은그림을 찾아 아래 그림에 ○해 보세요.
(숨은그림 : 열쇠, 쥬스, 파인애플, 아이스크링)

관용어와 그에 맞는 뜻이 맞게 이어지도록 선을 연결해 주세요.

겁에 질리다	의욕이나 흥미가 사라져서 재미없게 되다.
이를 악물다	많은 것이 빽빽이 들어서 있다.
김빠지다	잔뜩 겁을 먹어서 기를 못 쓰다.
숲을 이루다	이미 어느 정도 잘못되어 있는 일에 대하여 한단계 더 나아가 엉뚱한 짓을 하다.
한술 더 뜨다	힘들고 어려운 난관을 헤쳐 나가기 위해 굳은 결심을 하다.
세상을 떠나다	'죽다'를 완곡하게 이르는 말

80

두 그림 중 서로 다른 곳 5군데를 찾아 아래 그림에 ○해 보세요.

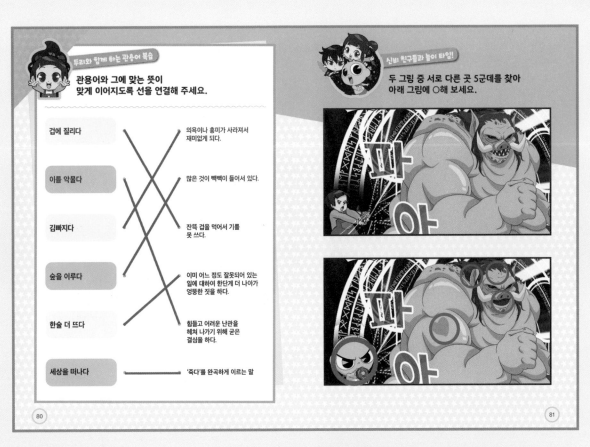

81

관용어와 그에 맞는 뜻이 맞게 이어지도록 선을 연결해 주세요.

물 만난 고기	정도 이상의 좋은 것만 찾는 버릇이 있다.
눈에 밟히다	더 이상 다른 것을 생각하지 않다.
코웃음을 치다	잊히지 않고 자꾸 눈에 떠오른다.
눈이 높다	남을 깔보고 비웃다.
눈 딱 감다	일이 마음대로 되지 아니하여 귀찮아하거나 난처해하다.
입맛을 다시다	어려운 지경에서 벗어나 크게 활약할 기회를 얻은 상황을 이르는 말

90

숨은그림을 찾아 아래 그림에 ○해 보세요.
(숨은그림 : 사과, 파인애플, 연필, 연)

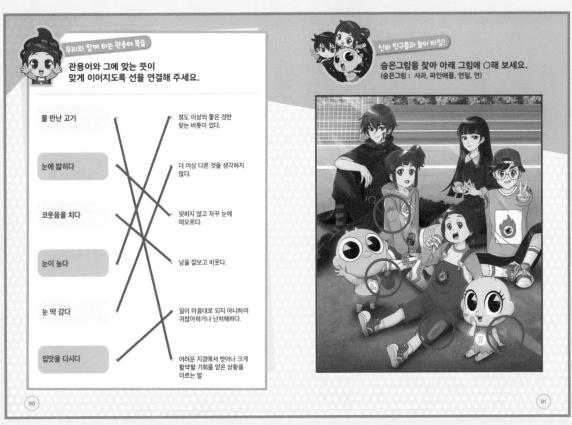

91

107

관용어 정답

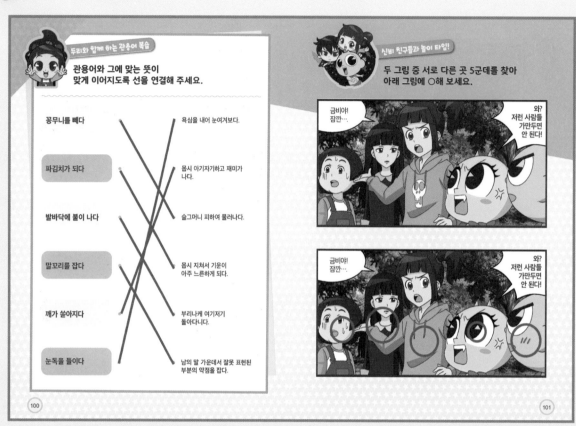

두리와 함께 하는 관용어 복습

관용어와 그에 맞는 뜻이
맞게 이어지도록 선을 연결해 주세요.

꽁무니를 빼다 —— 욕심을 내어 눈여겨보다.

파김치가 되다 —— 몹시 아기자기하고 재미가
나다.

발바닥에 불이 나다 —— 슬그머니 피하여 물러나다.

말꼬리를 잡다 —— 몹시 지쳐서 기운이
아주 느른하게 되다.

깨가 쏟아지다 —— 부리나케 여기저기
돌아다니다.

눈독을 들이다 —— 남의 말 가운데서 잘못 표현된
부분의 약점을 잡다.

신비! 친구들과 놀이 타임!

두 그림 중 서로 다른 곳 5군데를 찾아
아래 그림에 ○해 보세요.

금비야!
잠깐….

와?
저런 사람들
가만두면
안 된다!

금비야!
잠깐….

와?
저런 사람들
가만두면
안 된다!

100

101

이 책에 나오는
관용어

(가나다 순)
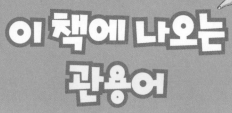

ㄱ

가슴에 새기다 : 잊지 않게 단단히 마음에 기억하다.

가슴이 뜨끔하다 : 자극을 받아 마음이 깜짝 놀라거나 양심의 가책을 받다.

가슴이 미어지다 : 큰 기쁨이나 감격으로 마음속이 꽉 차다. 마음이 슬픔이나 고통으로 가득 차 견디기 힘들게 되다.

겁에 질리다 : 잔뜩 겁을 먹어서 힘을 제대로 못 쓰다.

고개를 들다 : 남을 떳떳이 대하다.

금이 가다 : 서로의 사이가 벌어지거나 틀어지다.

김빠지다 : 의욕이나 흥미가 사라져서 재미없게 되다

깨가 쏟아지다 : 몹시 아기자기하고 재미가 나다.

꽁무니를 빼다 : 슬그머니 피하여 물러나다.

ㄴ

눈 딱 감다 : 더 이상 다른 것을 생각하지 않다.

눈독을 들이다 : 욕심을 내어 눈여겨보다.

눈에 밟히다 : 잊히지 않고 자꾸 눈에 떠오르다.

눈에 차다 : 흡족하게 마음에 들다.

눈이 높다 : 정도 이상의 좋은 것만 찾는 버릇이 있다.

눈총을 쏘다 : 몹시 쏘아보거나 노려보다.

ㄷ

독 안에 든 쥐 : 갇혀서 벗어날 수 없는 처지를 비유적으로 이르는 말

뜸을 들이다 : 일이나 말을 하기 전에, 쉬거나 여유를 갖기 위해 서둘지 않고 잠시 가만히 있는 경우

ㅁ

마른침을 삼키다 : 몹시 긴장하거나 초조해하다.

막을 올리다 : 무대의 공연이나 어떤 행사를 시작하다.

말꼬리를 잡다 : 남의 말 가운데서 잘못 표현된 부분의 약점을 잡다.

머리를 굴리다 : 머리를 써서 해결 방안을 생각해 내다.

머리를 맞대다 : 어떤 일을 의논하거나 결정하기 위하여 서로 마주 대하다.

머리를 쥐어짜다 : 몹시 애를 써서 궁리하다.

목에 힘을 주다 : 거드름을 피우거나 남을 깔보는 듯한 태도를 취하다.

목을 놓다 : 주로 울거나 부르짖을 때에 참거나 삼가지 않고 소리를 크게 내다.

몸에 배다 : 여러 번 겪거나 치러서 아주 익숙해지다.

무게를 잡다 : 점잖은 척하며 분위기를 무겁게 만들다.

물 만난 고기 : 어려운 지경에서 벗어나 크게 활약할 기회를 얻은 상황을 이르는 말

물고 늘어지다 : 어떤 일을 계속 오래 붙잡고 놓지 아니하다.

| ㅂ | **발바닥에 불이 나다** : 부리나케 여기저기 돌아다니다. |

봄눈 녹듯 : 봄볕에 눈이 녹듯 무엇이 빨리 슬어 없어지는 모양을 나타내는 말

불똥이 튀다 : 재앙이나 화가 미치다.

| ㅅ | **샛길로 빠지다** : 엉뚱한 곳으로 가거나 정도에서 벗어난 일을 하다. |

세상을 떠나다 : '죽다'를 완곡하게 이르는 말

손발을 맞추다 : 함께 일을 하는 데에 마음이나 의견, 행동 방식 따위를 서로 맞게 하다.

손을 내밀다 : 도움, 간섭 따위의 행위가 어떤 곳에 미치게 하다.

손이 크다 : 씀씀이가 후하고 크다.

숲을 이루다 : 많은 것이 빽빽이 들어서 있다.

| ㅇ | **어깨를 견주다** : 서로 비슷한 지위나 힘을 가지다. |

오지랖이 넓다 : 쓸데없이 지나치게 아무 일에나 참견하는 면이 있다.

이를 악물다 : 힘들고 어려운 난관을 헤쳐나가기 위해 굳은 결심을 하다.

입만 아프다 : 여러 번 말하여도 받아들이지 아니하여 말한 보람이 없다.

입맛을 다시다 : 일이 마음대로 되지 아니하여 귀찮아하거나 난처해하다.

입을 모으다 : 여러 사람이 모두 같은 의견을 말하다.

입이 딱 벌어지다 : 매우 놀라거나 좋아하다.

| ㅈ | **쥐구멍을 찾다** : 부끄럽거나 난처하여 어디에라도 숨고 싶어 하다. |

| ㅋ | **코가 꿰이다** : 약점이 잡히다. |

코가 높다 : 잘난 체하고 뽐내는 기세가 있다.

코웃음을 치다 : 남을 깔보고 비웃다.

| ㅍ | **파김치가 되다** : 몹시 지쳐서 기운이 아주 느른하게 되다. |

| ㅎ | **하루에도 열두 번** : 매우 자주 |

한술 더 뜨다 : 이미 어느 정도 잘못되어 있는 일에 대하여 한 단계 더 나아가 엉뚱한 짓을 하다.

혀를 내두르다 : 몹시 놀라거나 어이없어서 말을 못 하다.

화가 머리끝까지 나다 : 엄청나게 화가 나다.

신비와 함께 즐겁게 놀면서
어휘력을 키워보세요!!

초등 교과서에 수록된 낱말과 필수 한자를 쉽고 재미있게 익혀요~!

쉬운 단계부터 시작해, 틀리기 쉬운 단어 집중 연습!

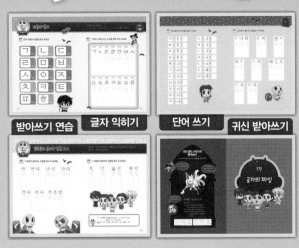

받아쓰기 연습 | 글자 익히기 | 단어 쓰기 | 귀신 받아쓰기

한자의 음과 뜻도 알아보고, 재미있는 퀴즈까지!

한자 퀴즈 | 한자쓰기 | 사자성어 | 미로찾기

(주)학산문화사 발행

※가까운 서점 및 마트, 인터넷 서점에 있습니다. 문의 02-258-8962

카드에 봉인된 모든 귀신을 잡아라!
신비아파트 학습 카드 보드게임 시리즈

속담 카드 보드게임

속담의 앞 문장과 뒤 문장 카드를 연결하여
속담을 완성하면 승리!

고사성어 카드 보드게임

고사성어에 맞는 뜻풀이를 찾아
먼저 12쌍의 카드를 채우면 승리!

국기 카드 보드게임

국기 카드와 나라 이름 카드가 각각 50장, 특수카드 4장!
나라별 특징과 국기, 수도, 인사말을 익힐 수 있는
국기 카드 보드게임!

(주)학산문화사 발행

※가까운 서점 및 마트, 인터넷 서점에 있습니다. 문의 02-258-8962

2021년 8월 15일 초판 인쇄
2021년 8월 25일 초판 발행

발행인 정동훈
편집인 여영아
편집 송미진, 김학림
본문 구성 이정아
디자인 design S
제작 김종훈
발행처 (주)학산문화사

등록 1995년 7월 1일 제3-632호
주소 서울 동작구 상도로 282 학산빌딩
전화 편집 문의 02-828-8823, 8826 영업 문의 02-828-8962
팩스 02-823-5109
홈페이지 http://www.haksanpub.co.kr

ISBN 979-11-348-8653-0
ISBN 979-11-348-8651-6 (세트)

신비아파트

재미있는 만화를 읽으면 관용어가 술술! 어휘력이 쑥쑥!
신비와 친구들과 함께 즐겁게 관용어를 익혀보세요!!

 관용어가 쓰이는 상황을 한눈에 쏙 만화로!
바로바로 익힐 수 있게 따라서 써 보세요!

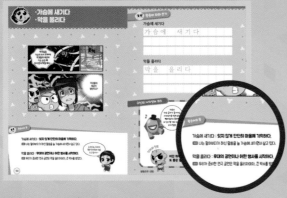

 귀신이 내는 문제를 풀어라!
초성으로 맞히는 사자성어 퀴즈!

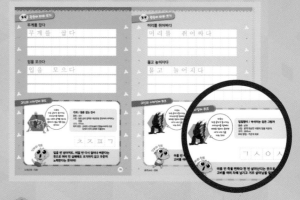

 앞에서 배운 관용어를 문제로 다시 한번!
머리에 쏙쏙 들어와요!

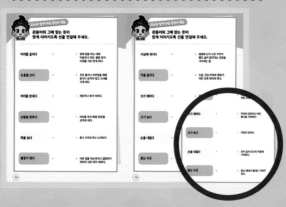

 서로 다른 그림 찾기를 풀며
즐겁게 놀아보세요!

이제 국어 시간에
목에 힘을 줄 수
있겠는데?

후후, 맞아!
내 친구들
입이 딱 벌어지겠지?

값 9,500원

KC마크는 이 제품이
공통안전기준에 적합
하였음을 의미합니다.
ISBN 979-11-348-8653-0
ISBN 979-11-348-8651-6(세트)
9 791134 886530
64710

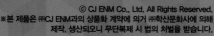

신비아파트
고스트볼 X 의 탄생
100점

공포의 교과서
받아쓰기

맞춤법+받아쓰기를
한번에!

개정교과서
내용 수록

1 단계

(주)학산문화사